關於美的

十種理解與體驗

# 美學　的意義

蘇文君　譯

Which "Aesthetics" Do You Mean?

Ten
Definitions

LEONARD
KOREN

李
歐
納
·
科
仁

# 目錄

# 前言

我們的生活和行為中充斥著美學。美學是基礎，且與生俱來。我們的穿著打扮、髮型、居家裝飾、備餐擺盤、替事物命名……這些都是美學活動；此外，我們閱讀的小說、聆聽的音樂、觀賞的電影、投入的電玩、收藏與創作的藝術品等等都是。

美學的偏好也會干涉到我們認為屬於「理性」的領域。我們經常依賴「美學的暗示」，來判斷接收到的資訊是對、錯或介於兩者之間。從我們對於「真誠的」眼眸、「誠懇的」聲音、「純粹的」事實、「優美的」論述的感受，就可看出連我們理性知識的根基，都會受到美學影響。有些思想家甚至進一步主張：我們自身及現實本身，都是基於美學的原則[1]構成。

但關於這些，你大多都知道了，是吧？現在拿著這本書的你，大概是個創作者或文化工作者，是那種經常想挑戰「美感」「美學」這類字眼，並試圖剝去它假惺惺外殼的人，特別當你聽見或看見「美感」「美學」這類詞被用得模稜兩可，彷彿只為了填充語意上的死寂空白之時，如：「我真的好喜歡他的……欸，呃，嗯……美感。」

不過你也知道，雖然使用「美感」或「美學」似乎能讓任何論點聽起來更有力，但這些詞彙通常不是僅具有裝飾功能而已。這些詞語代表著各種不同卻又經常相關的事物，用法多到讓人困惑，所以除非使用詞語的發言者或筆者具體說明，否則這些詞語的確切意思都是含糊的……

本書清楚地界定出「美」與「美學」的多種意涵，並在一篇相關敘事裡，根據前後連貫的上下文來展現了這些詞彙的使用方式，藉此解決看似空泛與意義混淆不清的問題。

這一切跟你又有何關呢？當你從事設計、藝術創作等等事情時，與分析、概念、想像有關的那些念頭，就是「美學」。本書旨要深層了解這個

龐大的精神領域，幫助你在生活和工作中，更有成效地思考並討論美學的現象與體驗。[2]

## 詞彙的起源

「美學」（aesthetics）一詞出現至今不到三百年，詞彙源自希臘文aisthesis，指的是「感知或官能的知識」。一七三五年，二十一歲的德國哲學家亞歷山大·鮑姆嘉登（Alexander Baumgarten）出版的碩論《詩的哲學默想錄》（Meditationes Philosophicae de Nonnullis Ad Poema Pertinentibus），是歷史紀錄上首次有人使用「美學」一詞。鮑姆嘉登指出：「『概念／想法』（中略）被視為邏輯的客體；而『接收到的事物（即，情感與知覺）』（中略）則被視為感知科學，或是美學。」[3]後來鮑姆嘉登在未完成的著作《美學》（Aesthetica）之中，進一步闡釋這個概念：美學是一門新學科，應該要探討情感與知覺（這些正是詩的要素），好達到詩的目標，即是「完美」——或者說「美」。[4]（鮑姆嘉登自覺只精通詩學，但他希望他的美學最終能涵蓋所有藝術形式[5]。）

~~esthetics~~

aesthetics

HOUSE
DICTIONARY

ENGLISH
LANGUAGE

The
Unabridged
Edition

# 十種定義

以下為當代對於「美學」的解釋，集結北美、歐洲與日本各地，在日常對話、媒體，以及主要在藝術設計評論、史學、哲學和人類學領域的批判上之使用方式。[6]這些屬「自然解釋」（natural meaning）。換句話說，這是當今人們實際使用的方式。[7]

## 美學＝事物的「外在」，即事物表面的樣子

查理才不管美不美，他只想要一輛能跑的車子。

這裡的「美」是的含意是概括、廣義的，代表事物表面上看起來、聽起來、感覺起來，或以其他方式感知到最表面的樣子，當中沒有深度意涵。這個定義下的美學，代表了裝飾性表層或一種外罩，蓋在真實的（或說，較重要的）基底上頭，例如：開心果冰淇淋那刻意添加的一抹綠、精心改裝的汽車輪軸、「幫豬塗口紅」的象徵意涵等等。

## 美學＝一種「風格」或感受

鮑伯利用曼哈頓下水道的拾荒物，為市中心的公寓打造前衛美學。

「風格」在這裡指的是：將一些感官上可區辨的元素聚集成一種獨特、明確的安排。換句話說，風格就是在感知上（包含：視覺、聽覺、語彙、味覺、觸覺）因某些特點一致而凝聚形成的組合，而且跟其他感知特點所凝聚而成的組合有所不同。在這樣的定義下，風格可以被命名或形成一個統稱，例如：「現代主義」「洛可可」「表現主義」「浮誇」「放克」（funky）及「街頭痞子風」（homeboy）*……這些風格名稱都會讓人直接聯想到某種特定組合的類型。每一種類型的組合都能重新配置和重組，且方式非常多，但經過排列組成後，仍然會顯現出特定的組合。而「感受」則是指比較不嚴謹、定義較不確切的風格。

## 美學＝「品味」或「有品味的」同義詞

梅麗莎的粗俗美感似乎沒有成為她在鄉村俱樂部圈子中嶄露頭角的阻礙。

這個定義中的「品味」指的是：可以感受與區分（即，認出與辨別）事物所包含的藝術、風格特徵之能力，並且運用這能力，依據一種文化或專業準則來做出價值評斷。[8]而「有品味的」則是指「好的」或「高尚的」品味化身。

## 美學＝「藝術的哲學」，屬西方哲學一環，主要在探討藝術的本質與相關現象

克萊絲是哲學教授，她為了《美學與藝術評論》期刊，正在審核一本談論音樂帶來的愉悅感、價值與宏偉之處的新書。

「哲學」在這裡的意思是，真理只能藉由思考推論來獲得，而不是藉由觀察事實。現代哲學的美學（有時稱為「藝術的哲學」會更恰當），其真正的起源是來自與鮑姆嘉登同期的哲學家伊曼努爾·康德（Immanuel Kant，一七二四～一八〇四年），時至今日，這個領域的討論仍由他的論點占主導地位。對康德而言，美學是藝術與美的理論。他率先將美學整合至更廣泛的哲學體系裡（當中也包含了真與善的理論）。雖然並非以鮑姆嘉登當初預想的模式達成，但康德確實提升了美學在哲學中的地位。康德

在學術上的恆久貢獻包含(1)引入「無利害」（disinterestedness）的概念，即美學的體驗發生在「無導向」的狀態下，也就是心中沒有「渴望」或「目的」之狀態。(2)在所有知識體系之中，樹立了美學（藝術與美）的重要性。(3)提出美或品味的感知與判斷（同時具有客觀及主觀面向）。[9]

現今哲學美學的實踐，與康德年代的實踐沒有什麼不同，主要在於詳盡闡述理論和論據，且通常會撰寫成文章或書籍，接著再與一些想要挑出邏輯不通處的同儕相互辯論。

當然，與哲學美學的存在本質最密切相關的問題就是（或說，應該是）——藝術是什麼?許多人試圖給出能讓人信服的答案，但至今仍然徒勞無功。有些哲學家直接放棄了，說：「這無望了，別浪費時間嘗試。藝術是『沒有本質的』，藝術品本身沒有任何固有特質可以把它們和其他既存的事物區別開來。」[10]聽起來有道理，但這不符合我們現實生活的體驗。藝術品經常看似含有某種「特別」的元素。

其他哲學家則認為，藝術或許就是那種「沒有確切定義，而是以家族相似性（family resemblance）被歸類在一起」的事物。換句話說，所有藝術品都存在著固有的關聯或相似之處，但沒有明確的歸類準則。[11]這觀點看似周全，不過造成了一些問題。所謂「藝術的家族相似性」有哪些？由誰來挑選？依據什麼準則挑選？一個可能成為藝術的物品應該具有多少這樣的特質、又為什麼會是這個數目？哲學家並沒有提供真正令人滿意的答案。

多數美學家對「藝術究竟為何」所提出的解釋，乃基於「藝術具有目的或功能」之前提，畢竟藝術必須要先提供某種價值，否則藝術在我們的生活中怎會有如此崇高的地位呢？而所謂的功能學派定義有各種說法：藝術是「美學體驗」的來源。或說，藝術「打開了」我們的雙眼，讓我們得以看見世界上「可感知的特質」。或說，藝術是表達情感（態度、感覺、希望、喜悅、悲傷等）的一種方式。或說，藝術是一種「有機整體」（organic

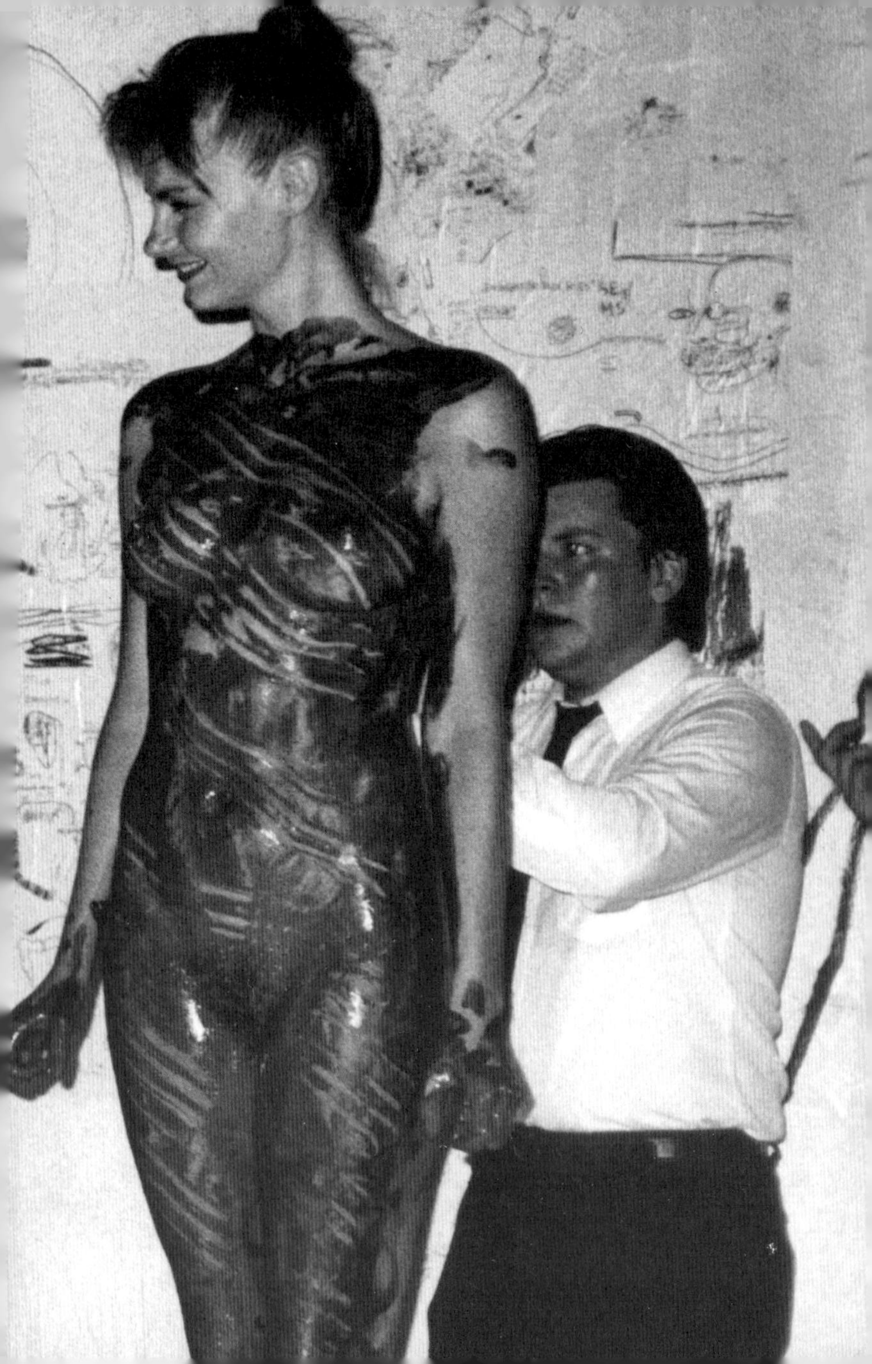

unity）或「創意的展現」。[12]

先假設這些功能具有清楚而強烈的準則（但其實沒有），那麼，欲達到這些功能，藝術品的「責任」又是什麼呢？要是有個可能成為藝術品的物品，它的有機整體性卻很薄弱，該怎麼辨呢？這樣它就沒有機會被稱作藝術品了嗎？而成為有機整體所必須符合的最低標準又為何？該如何評斷出最低標準？如果一個漢堡看似具備有機整體性，那它就是藝術品了嗎？和之前提過的情況相同，我們還是缺乏有力的答案來解決這些顧慮。

有些哲學家嘗試縮減功能學派的定義範圍。其中最巧妙的，是混合了所有功能學派的定義，即是假設藝術品一定要「代表什麼」，而非只是「作為什麼」。換句話說，畫廊裡一個柱狀藝品台座上所放著的那個漢堡肯定是「代表什麼」，但讓你咬一咬就吞下腹的那個漢堡只是「作為什麼」而已。這個定義也繼續說明了，因為藝術家正希望藝術就是如此，所以藝術品總代表著什麼。這樣看來，作品或表演就是藝術家的意圖化身。而透過解析，他人就可理解這個意圖，以及現在這個意圖和過去的創作意圖有何關聯。事實上，在這個定義裡，作品或表演一定要經過解析。總而言之，這個定義有兩個元素：(1)藝術品一定要代表什麼。(2)藝術品必須經由解析來理解。[13]這樣的方法好記、簡明扼要……但會帶我們進入愛麗絲夢遊仙境般的世界裡。自製的萬聖節面具該怎麼說呢？那是一個作品，卻又具有象徵意義？也就是觀賞者必須要「解析」面具，才能知道面具真正想表達什麼。但當然，並非所有這種面具都是藝術，是吧？

或許對於藝術最有用的哲學分析，是著眼於某事物變成藝術的「過程」，而不管其變成的「結果」，這所謂的「過程（procedural）角度」，說明了為何現在或未來的藝術，看起來、聽起來、觸摸起來，不會像是過往的任何藝術。最著名的過程角度「體制論定義」（institutional definition），認定藝術存在於由社會體制的角色與慣例所組成的脈絡之中。本定義的其中一位創始者是哲學家喬治．迪奇（George Dickie），根據他的定義：

「『藝術』是一項人造物……某人或某些人代表特定體制（即「藝術世界」），授與這項人造物被鑑賞的資格。」在更近代的版本裡，迪奇將定義重組為下列五段相關聲明：

1. 「藝術家創作藝術品時是理解作品涵義的。」[14]
2. 「藝術品是呈現給藝術世界公眾的人造物。」
3. 「公眾指的是一群人，在某種程度上而言，這些成員準備好去理解那些呈現給他們看的作品。」
4. 「藝術世界指的是所有藝術系統的整合。」
5. 「藝術世界是一種框架，讓藝術家提出藝術品並呈現給藝術世界公眾。」

多年來，為了要消弭破綻，這個定義的各面向都已稍稍經過改變。但重要的問題仍然存在——人可以自己賦予自己「藝術家」與「藝術世界公眾」的角色嗎？如果可以，不就等於任何人都能說他／她同時是藝術家、藝術世界的公眾或體制代表，並藉此隨心所欲賦予任何物品「藝術品」的地位了嗎？（被排除在藝術地位之外的唯一條件，就是「自制」嗎？）或者，如果一件物品放在某個機構裡，而該機構將物品認證為藝術品，但這物品日後到了另一個機構，卻只被當作歷史造物呢？這樣一來，這物品就失去藝術地位了嗎？那麼，那些創作出類似藝術品的作品或現象的人，像是某些才華洋溢的創意總監（他們並不認為自己是藝術家，而且他們的作品也從未直接登上過藝術界領域），又該怎麼說？[15]

QVod ab ineunte pueritia non mirifice ſolum vtrique noſtrum arriſit ſtudiorum genus; ſed ſuadentibus etiam, quibus obſequi par erat, ſapientiſſimis viris non plane neglectum eſt: in eo iam publice qualescunque noſtras vires experiri conſtituimus. Ex quo enim tempore ad humanitatem informari coeperam, incitante dexterrimo tirocinii mei moderatore, quem ſine gratiſſimi animi ſenſu nominare non poſſum Cl. CHRISTGAVIO gymnaſii, quod Berolini floret, conrectore meritiſſimo, tranſiit mihi pæne nulla dies ſine carmine. Succreſcente paullatim aetate, licet iam in ipſis ſcholaſticis ſubſelliis ad ſeueriora magis magisque flectendus eſſet animus, & academica tandem vita prorſus alios labores, aliam diligentiam poſtulare videretur: ita tamen addixi me litteris neceſſariis, vt poeſi tam a caſtisſima iucunditate, quam ab vtilitate præclara mihi commendatiſſimae nuntium omnino mittere nunquam a me potuerim impetrare. Inter ea contigit diuino nutu, quem veneror,

vt

**美學＝哲學的「論點或詮釋」；一種在想法、理念、態度上連貫的表達方式，這些表達背後基於一套藝術、美（或相關主題）的原則**

在過了將近三個世紀後，康德美學仍是藝術哲學上的主要標竿。

美學，是將思想進行整理編排，並以口頭或書寫表達。不過，美學可以從任何表現形式中（例如從藝術品或工業設計產品中）推論得出，再以口頭或書寫的方式說明、詮釋。也就是說，口頭或書寫的宣言，本身就是美學。

## 美學＝「藝術的」同義詞

蘿蓮運用她的美學想像做出了今晚的甜點：薰衣草風味義式白蘭地海綿蛋糕佐香煎酪梨醬霜。

「藝術的」代表與藝術相關或是有藝術特質的。如同先前所說，要用合乎邏輯的嚴謹方式（即符合「所有必要與必然條件」的方式）來清楚而準確地解釋藝術，是件困難的事。儘管如此，我們多數人「直覺地」知道藝術是什麼；我們會習慣性地根據自己學過或認定的藝術樣貌，去認定哪些類似的東西也屬於藝術範疇。而且當類似藝術的新表現形式進入我們的意識後，我們也會隨之更新自己對藝術的參考框架，來讓眼光保持與時俱進。

換句話說，我們每個人對於什麼是藝術、什麼不是藝術，都保有一種「流

ビール
ビール

動的」個人詮釋；當我們遇見像是藝術的新現象，我們會決定這些現象該怎麼融入我們的詮釋之中。對於我們多數人而言，稍經調整的「體制論定義」已經夠用了——如果一個藝術家，或是一個自稱是藝術家的人說「這是藝術」，那這就是藝術。[16]或者，某個東西在美術館或藝廊被當成藝術品展出時，那這就是藝術。還有，當你認為這是藝術，不管原因是什麼，當然，這就是藝術。

## 美學＝「美」或「美麗的」同義詞

上週流星雨時，安妮享受了在夏夜星空下入眠的美感體驗。

和「藝術」一樣，「美」與「美麗的事物」都屬於難以嚴謹的哲學來定義的詞彙。但和藝術不同的是，一旦美與美麗的事物與「神」「真實」「美德」「良善」等概念脫鉤後，哲學家就對它們不感興趣了。有些美學家甚至建議：應該從嚴肅的哲學討論中全盤排除美與美麗的事物，因為它們太過主觀，無法被嚴謹地研究——反正，它們也不是那麼地重要，尤其是跟其他更引人入勝的議題（如：藝術、藝術的本質和鑑賞）相形之下，顯得更不重要。[17]許多藝術家也貶低了美與美麗的事物之重要性。他們指責道，美與美麗的事物和乏味的資本主義價值或品味太過一致；有時他們也會措辭強硬地宣布「創造美麗事物並非重點」，或者「美」跟他們嘗試要做的

P
東1 東1

事情毫無關係，例如：二十世紀初葉的藝術運動「達達主義」的擁護者，皆獻身於一個原則——他們的作品絕對不**美麗**。

儘管遭到哲學家和藝術家宣判出局，美與美麗的事物仍然是讚美的至上詞彙，不管「美感」與「美學」到底應該如何定義。[18]

Intro-
duction
to
BEAUTY
—
AMES

## 美學＝致力於「美化」人體的專業工作

亞莉姍卓為了在聖巴茲島的度冬假期裡順利穿上比基尼，預約了她最愛的美容美學工作室。

這是所有「美學」定義中最不抽象的。這裡的「美化」牽涉的是最「皮相」的種種，而「美學專業」所提供的服務包含：臉部與身體的除毛、淨化肌膚、拔／修眉毛等等。

## 美學＝一種「認知模式」，讓你能意識到並主動思考蘊含在現象、事物裡的知覺與情感特質

羅倫佐是文化人類學的博士候選人，正在寫「大溪地人的經濟行為之美學」的研究論文。

這個定義的重點在於「思考」（尤其是「深思」），從感官和享樂層面上區別出「美學」與「美學的」。這裡的「知覺」不僅是指觸覺、味覺、嗅覺、視覺與聽覺，更包含了「大腦的感知」，像是：靈機一動的念頭流竄過大腦的那種刺激感。知覺與情感特質可以是抽象的，像是整體音調或一個文化帶來的感覺；也可以是具體的，像是為新發現的次原子粒子取個很有詩意且引起共鳴的名字。在這個定義中，沒有比以下這類物體或現象，更適合作為美學體驗與深思的催化劑或題材了：吊鐘花色調的幕景；

在泥坑裡拍打，讓泥水四濺；都市規劃研討會的專題演講……

這個定義也呼應了前言中提到的觀點，其實所有被我們稱作「現實」的，本質上都是美學現象。[19]我們對這個世界所知的一切，除了基因編碼而成的，其餘幾乎都是由感官接收、再經大腦處理而得。

**美學＝一群製造、交易、鑑賞藝術或設計相關事物的人們，彼此使用且相互理解的「語言」**

比起近年來創意圈裡其他的年輕人，這群藝術學院的學生十分擅長談論美學。

這裡的「語言」指的是以書寫或口頭溝通形式，談論任何與前述「美學」定義（見左頁）相關的點子或想法。例如：想像你沿著海岸公路行駛，眼前的薄霧散開，剛好能讓你看見遠方的一座城市。你轉頭對朋友說：「我從沒見過光線這般折射在建物上的樣子。這讓我想起特納的一幅畫……。」

你這樣就是在談論美學。

# 美學＝

外在
風格
品味
藝術的哲學
論點或詮釋
藝術的
美
美化
認知模式
語言

## 美學在敘事中的用法

以下故事說明了這個寫作計畫的成因，而「美感」與「美學」（後續將以夾注號標示出特定意義），這兩個詞彙則編綴入文中。

我接受過藝術家或建築師的訓練，但後來不知算是放棄了還是把兩種工作結合在一起了。後來我轉而選擇(a)系統性地說明生活中各面向的美學（藝術的、美、風格、認知模式、品味、外在）如何運作，(b)將答案以書本的形式呈現。前陣子我突然頓悟，發現自己忘記處理最顯而易見的美學問題——「美學」這個詞，究竟代表什麼？查了我鍾愛的幾本字典後，找到以下定義：

一種哲學學科，主要和藝術與美相關……

這是最主要的定義，卻不是我原先預計要找的實用且「自然」的意義。但這讓我心生好奇，我爬梳了文獻，希望進一步了解哲學的美學究竟是什麼。

我研讀了古典希臘、康德及與他同期的學者學說，還有當代思想家的理論等等，隨後得出了結論：對那些受我的書吸引的藝術家和設計師而言，學術上的美學〔藝術的哲學〕並不重要。[20]然而，哲學家兼藝評家亞瑟·丹托（Arthur Danto）著作當中的一段話卻在我腦海裡迴響：「如果沒有藝術理論，黑色顏料就只會是黑色顏料，不具其他意義。」[21]丹托簡明地點出了一個明顯的事實：在實作中，許多藝術家會使用等同於美學〔藝術的哲學〕的理論和論據來建立、合理化和增強他們作品的意義。的確，針對自己的作品，藝術家對作品的表述（不論是刻意說出、有意保留、還是他們自身也未必意識到的內容）都是藝術創作過程不可或缺的一部分。

後來我又看到了評論家W．K．維姆薩特（W.K. Wimsatt）與美學家門羅．比爾茲利（Monroe Beardsley）備受爭議的論文〈意圖謬論〉（The Intentional Fallacy）。[22]其中，這兩位思想家提出論據：一旦藝術品完成並作為獨立個體存在時，在詮釋作品意義的權力和是否能提出令人信服的見解上，藝術家與一般人沒有差別。他們更進一步宣稱，過於認真看待藝術家針對自己的作品所提出的發言，並非智舉。[23]

這勾起了我的專業直覺，我的防衛心態油然而生。我開始著手寫一本給藝術家和設計師的美學（藝術的哲學）入門書，詳細解釋了過去五十幾年來，許多美學家在想些什麼。我把這本書的結構比喻成「美學（藝術的哲學）大腦之家」，而在這本書的虛擬空間裡，每個房間（即每個章節）包含了主題相連但不同組合的「大概念」。然而，隨著巨大且笨重的哲學家具搬進來之後，這個空間就變得越來越黑暗、恐怖，即使找個聰明的視覺設計師

來效力也無從挽救了，於是我喪氣地暫停了這項計畫。

在那之後，我與離婚已久的前妻陷入了冗長的官司。為了讓自己遠離連帶而來的精神耗損，我把官司上無止境似的法律程序相關要求，當作某種奇特且前衛的劇場表演元素。那十分醜陋不堪，卻是一種美學〔藝術的〕上的醜陋不堪，這種醜陋始終有改善（甚至變得美好）的可能性。後來這齣戲變得可怕又詭異，我度過了酷刑般的兩天，蜷縮在一個沒有窗戶的沉悶房間裡，錄影機正對著我的臉，而另一端的律師以破產要脅等更多更糟的事，不斷攻訐我。美學的〔藝術的〕醜陋不堪消逝了，取而代之的是道德上的醜陋。而這種道德上的醜陋（就這次事件來說）蓄意且不必要地對我施加著痛苦，已經不是我相信有改善可能的醜陋了。當然，除非拿這來當成藝術創作的素材，就可另當別論……但那時的我根本不想創作這種藝術。

亟需休息的我和我的伴侶、我們的兒子結伴到了義大利，在一個保留著中世紀風貌的樸實小村莊，度過了安靜的幾個月。我幾乎是立刻放鬆下來，進入了不再受荒謬干擾的心境之中，並重拾撰寫入門書的工作。到了這般地步，我已經不再迷戀學術哲學的美，它的聚焦點和重心如今看起來已經變得過於狹隘。我認為，建構一個更容易理解的美學（藝術的、認知模式、美、風格、品味、外在、藝術的哲學、語言）景象很重要，如此才能更準確地反映出我們的大腦與世界怎麼交集。這樣的話，我只需要（或說，我以為只需要），找出所有「美感」與「美學」的定義，並儘可能簡明地寫下來，那麼這個包山包海的美學（藝術的、認知模式、美、風格、品味、外在、藝術的哲學、語言）世界觀就會顯而易見了。這項工作完成時，我的濃縮迷你詞庫不到一千字。當時我正著手將這些稀少單薄的名詞、動詞、形容詞分類並編成一本「供你握在掌心閱讀」的小書，預計尺寸大概是六點四公分乘上十公分……這時，G.打了電話來。

G.和我是因為彼此的著書而相識。我非常欣賞他那些精裝的作品集，可以看到他如何在非凡的建築場域中，巧妙地將古董傢俱、二十世紀藝術品、以及其他多元流派的物件相互搭配襯托。G.說他也欣賞我的書，尤其是在講侘寂的那一本。他知道我人在義大利，便邀請我去看看他在威尼斯進行的一項計畫。當時，他幫一座具有歷史意義的龐大宅邸修復完頂樓，目前正準備在開放的中央空間設置一座獨立的藝術展覽館。他說展覽館要呈現侘的美學（風格）。他告訴我，他跑到威尼斯的某個垃圾場，搜刮了看起來像是在潟湖上漂了幾百年的木條和木板——這就是他的意圖，木條和木板看起來得有侘或寂的感覺。接著，G.與工作人員利用這些元素建造出迷宮般的展覽館：把瓦楞紙板插入木條間做成牆壁，然後這面「牆」又抹上了以水、膠和附近花園泥土拌製而成的混合物。我去的時候藝術品還沒送到，為了表現出最後藝術品擺放的樣子，G.用一種像泥土的混合物和排刷，在淺棕色的紙上畫出了藝術品大概的樣子，然後就在這些模擬品之間翩然遊走，直到將它們擺放在牆上最完美的位置為止。這在我眼裡真是個美麗的過程……

這時，黃昏入夜。我們安靜地站在幽暗的展覽館上層，敬畏地聽著逐漸接近的雷聲。閃電穿刺過平靜的天空，大雨傾盆。雨水從屋頂滲入，落到地面形成了小小的水池……此時此刻的展覽館，就非常的「侘」。

G.問我要不要在「真正的」藝術品擺好之後回來看看。一個月後我再次造訪，如今展覽館已經開放參觀，大批觀眾在裡頭活躍走動。一切大多保持原樣不變，只是多了一幅畢卡索（Picasso）、一幅羅斯科（Rothko）、一幅封塔納（Fontana）、一幅布里（Burri），還有其他幾幅赫赫有名的作品，替換掉原本代用的樸素模擬品。多數畫作與小物件展出的感覺都很好，然而侘感卻消失了。侘，一種孤獨與貧瘠的美學〔美、藝術的、認知模式〕，在華麗時髦的環境中便隱而不顯了。G.問我對展覽館的觀感時，我告訴他，我比較喜歡之前「不完整」的樣子。

午餐時，我們到了G.在威尼斯的寓所。他說想寫一本書，關於自己與團隊研發出來的侘風格環境，想要我也一同參與。於是我受邀到他位於北歐

的主要住所一週，以利後續討論。

在他的那座十二世紀建築與土地上度過了幾星期後，我和G.討論了可能的合作模式。我們產值最高的時刻，就是在他稱之「侘房」的時刻。那個房間富有日式特色，舒適而寬敞。但就我看來，這不是侘，而是「像日本的」（Japonesque），是外國人看日本的樣子。G.和我談了許多與美學〔風格、品味、語言〕相關的命名系統和學術用語，尤其對於我不情願以和他一樣的方式來使用「侘」此詞的這件事情上，做了一番討論。我解釋道：我本能地跟語言決定論派站在同一邊。我和他們一樣，相信我們所使用的語言將大幅度地形塑我們對世界的認知與互動方式。如果我們誤用或扭曲了好詞彙（尤其是描述感知世界中被邊緣化部分的詞彙）意義，那麼這些詞彙描述的世界面向就可能會隨著時間消失……好吧，可能不至於消失，但一定會變得更難找到（特別對往後世代的人而言）。我明確地表示自己並不反對改變，但不想要有意識地誤用了我非常喜歡的美學〔美、藝術的、認知模式〕

詞彙。

最終，G.和我都同意再繼續合作下去並不實際。但先不管我們之間的差異，我仍十分欽佩他建構與維持奇想美學〔品味、美、外在〕生活風格的技巧，還有基於那種生活風格而蓬勃發展出的藝術與設計事業。陶醉在他創業精神的誘人魅力之中，我說服自己或許也可以運用美學〔風格、品味、外在〕來改善我個人的財務狀況。然而我能賣什麼呢？我的點子？我的思考方式？過往的經驗？我心裡想著這件事，重新思量過關於我那本簡單概要的美學入門書的狹隘框架。如果我多加潤飾那本入門書，讓它投射出一個更有趣、更生動的「我」，那會怎樣呢？例如，把那些枯燥而精簡的美學定義，搭配上一個引人入勝（至少是周密而有人情味）的故事，比如說我生活中在眾多美學〔藝術的、美、風格、品味、認知模式、藝術的哲學〕領域的真實故事，這樣如何呢？

《沉渣末滓：將我生活中的零星片段，升級改造成美學入門》（*Flotsam*

*& Jetsam: Bits and Pieces of My Life Upcycled into an Aesthetics Primer*）概念源自我十六或十七歲時。我的繼父剛從日本旅行回來，帶了一堆關於日本傳統設計與建築的書。我熟讀這些書之後，發現了與自己過去所熟悉相差甚遠的美學〔美、風格、外在〕感知。舉例來說，日本的美學〔美、風格〕領域中，不對稱與對稱都令人嚮往；舊的東西，尤其是有「個性」的舊東西，似乎比新的事物更受重視；事物細微精妙之處受到尊崇，誇飾則受到輕蔑；設計的隱喻源自自然，而非科技等等。受到這樣的美學〔藝術的〕啟發，我問母親能不能利用她的地產一個不礙事的角落，搭建一個低調的小建物。我們住在比佛利山（我認為是美學〔品味〕貧瘠之城）上方的一個小峽谷裡。在當時的社會文化背景之下，有錢人習慣先買一間完好的房子並全部拆除掉，然後在同個位置上蓋一間更大、更華美的房子。這已是常態，因此比佛利山的一個角落滿滿都是廢棄建材。我搬走了這些東西，並用自己認定為傳統日式建築美學〔風格〕的原則，建造了一間非正統的日式茶屋……

後來我學習了日本茶道，我有一位老師是名叫「Genro」的僧侶。他教我一種經過刪減、非傳統形式的茶道，是他在日本從另一位尼僧那兒學來的。他說比起傳統茶道的雙手持碗喝茶方式，單手持碗喝茶風味將更好，並讓我測試看看這是否為真。我們兩人重複輪流扮演主客角色，從備茶、奉茶到喝下那苦澀的綠色茶湯。儘管這相當荒謬，不過我必須承認他說得沒錯，當單手持茶碗時，茶真的比較好喝。但要怎麼解釋其中差異？這是建議的力量造成影響嗎？或因為他是個好老師？Genro明確而具洞悉力的觀點，確實拓展了我的感知與意識。他發揮了關鍵作用——喚醒我對事物的特徵、品質與詮釋內容之注意力，確實讓我睜大了雙眼也運用了想像力。Genro讓我思索：說到底，「將想像力延伸」是否就是邂逅微妙的美學〔認知模式、美、藝術的〕真正意義？

在《沉渣末滓》的最末，記述了我在苦樂交織而憂鬱的日本秋日中，那些大概難以言喻的一切：我當時住在東京，正在進行我的美學〔藝術的、美、風格、認知模式）研究。我時不時會聽到「侘寂」這個詞被用來形容物體與環境的特定美學（外在、風格、認知模式）。我造訪了所有我去得了的圖書館，找到了「侘」和「寂」各自的參考資料，但卻找不到任何有關「侘寂」的。回到舊金山後，我研究了茶道、日本文化、侘、寂還有相關主題，後來發現，侘原來是一個古老的文學詞彙，原意為隻身一人居住在自然中，與社會隔離的抑鬱不幸。後來這個詞彙被賦予正面的意涵（「匱乏」總是對靈魂有益！），又被運用在茶道上。而寂則是個古老的美學（風格、外在、藝術的、語言）詞彙，原意是冷冽、貧瘠、扒光或凋零，也有寂寥的意涵。巧的是，它還跟日文的「鐵鏽」同音異義。然而，在整個日本文化史中，我卻找不到任何提及侘寂的資料。

侘和寂的語意界線，一定在近代的某個時間點變模糊了。但原因和時間是個謎，沒有可追溯的線索。那麼，侘寂究竟是什麼？雖然他們用這個詞用得好像很有說服力，但我所遇過的日本人之中，沒有人能夠提出具可信度的解釋。我因此產生勇氣，決定要自己找出答案。然後，如果成功的話，再向其他人解釋。後來我透過歸納法（匯集並淬取我所找到分別關於侘和寂的一切），提出了這個濃縮的定義：侘寂是日本美學（美、風格）精髓，是事物不完美、非永存和未完成之美。那是審慎和謙遜之美，亦是不依循常規的隨興之美……。接著，我便創造一連串以侘寂為中心的「美學（風格、認知模式）宇宙」，讓這個詞變得更清晰易懂。

我從侘寂（遊走在「無」的邊界之美）的形上學基礎的美學（論點或詮釋）論述出發，進一步探究這個概念在精神、心理、道德以及物質層面的意義。我的目標是要做出「什麼」，讓創作者能夠據此設定他們的美學（藝術的、美、風格、品味、外在、語言）準則。在我的認知中，侘寂完全對立於西方的古典美（即完美、宏偉、不朽）。我甚至做了對比清單和圖表，希望這個迄今模糊而抽象的概念能讓人徹底了解。我給最後產出的研究著作取了一個俏皮、有趣又輕描淡寫的名字——Wabi-Sabi for Artists, Designers, Poets

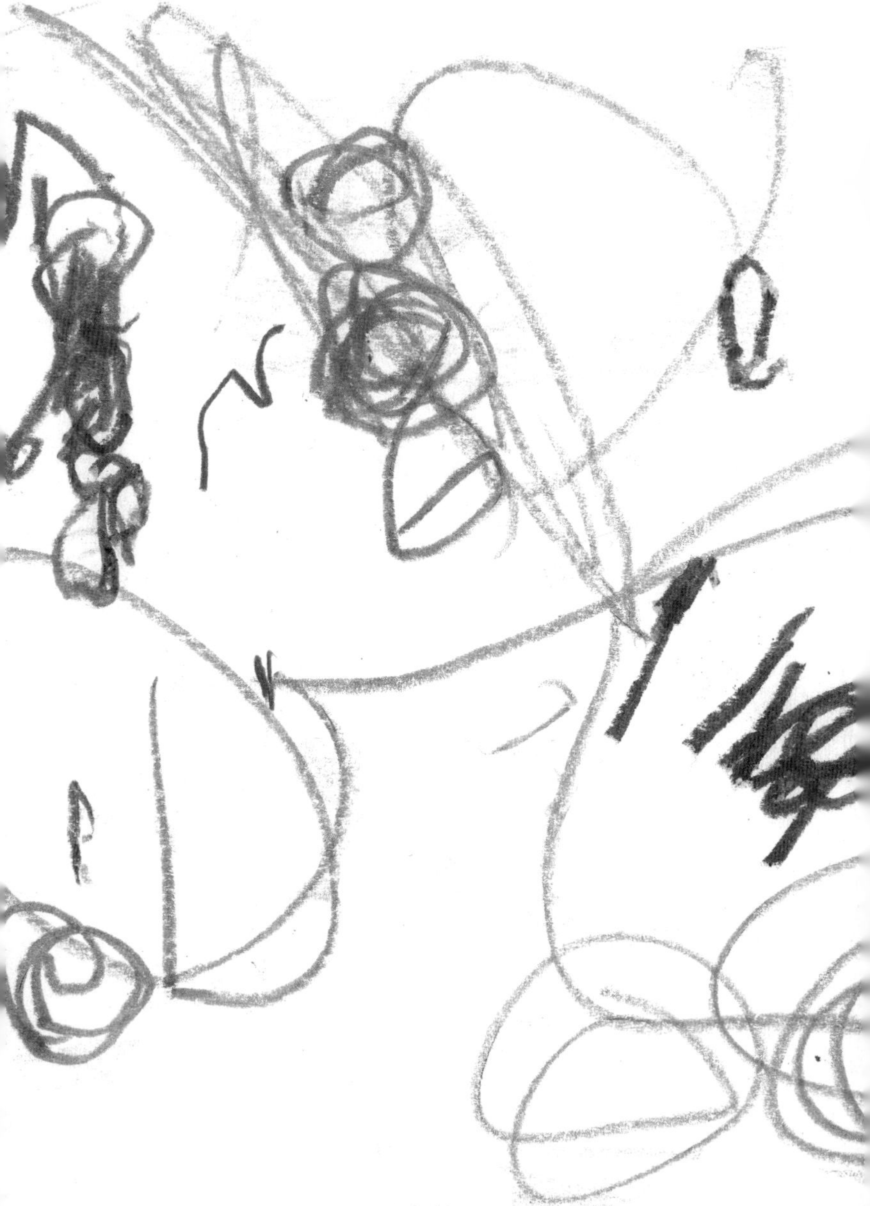

& Philosophers（中文書名：侘寂 Wabi-Sabi：無常、不完美、未完成，以「無」為核心卻蘊含廣袤可能性的哲學）。

將《沉渣末滓》草稿交給幾個思慮清晰的朋友之後，我有出了某種錯的頹喪感。我用全新目光重讀一次，看見了虛假的註記及蒙上一層紗似的自我吹捧正對我怒目回視。美學〔認知模式〕，從某方面來看，是關於察覺——感受與思考當下這一刻的生命體驗。我邊想著這一點，邊抽離了那些不大得體的自我中心深思。這個教訓淬鍊著我，回頭挑出並捨棄掉原稿中所有過分的自我吹捧，並再一次挑出、捨棄，只想留下正式的定義……然而，隨著最後一刻萌生的顛覆美學〔藝術的〕念頭，我加入了現在這段敘事——在前往印刷廠的路上，一段我個人思慮扭轉、細數種種的過程。我想，這或許能符合一些教育上的需要，或至少發揮美學〔藝術的〕效用。

# 註解

1. 兼具詩人和哲學家身分的伊萊．西格爾（Eli Siegel，1902-1978），相信「美學是真切組織過的現實」。西格爾創始了一種稱為「美學現實主義」（Aesthetic Realism）的哲學暨心理學科。他提出：將世界當作一個美學物體看待，是看待世界唯一明智的方式。接著寫道：「世界、藝術與自我，每一者都是對立元素統合為一的美學表現。」他認為，每個人類的最終目標應該是「將世界和他／她自己引進『好的美學組合』之中」。欲知這系列思維，請參照伊萊．西格爾所著、一九八一年出版的《自我與世界：解析美學現實主義》（*Self and World: An Explanation of Aesthetic Realism*）。

2. 本書試圖儘可能地將現存諸多關於美學的途徑與概念帶入討論。適合本書的另一個名稱會是《新美學教材概述》（*Notes for a New*

*Aesthetics Curriculum*）。

3. 此段依據一九五四年出版的《詩的省思》（*Reflections on Poetry*）一書的拉丁文及希臘文內容。此書為卡爾．艾森布來那（Karl Aschenbrenner）與威廉．B．侯樂（William B. Holther）對亞歷山大．鮑姆嘉登《詩的哲學默想錄》的翻譯（附原文）、前言及注釋。

4. 根據艾森布來那與侯樂的注釋，鮑姆嘉登如此大膽，表示他認為自己提出的「美學」雛形，應與歷史悠久的「邏輯」學科，在知識面上有相等地位的立足點。

5. 鮑姆嘉登的「美學」起源與「美術」收編到知識體系的時刻相同。這時期的世人對英、法兩國內的藝術理論與實踐有著極大的興趣，不管是外行人或專家，都競相比較各種藝術並將它們歸類至不同的系統裡。到了一七四六年，阿貝．巴托（Abbé Batteux）以此為主題的論文〈相同原則下的美術〉（Les Beaux-Arts réduits à un même

principe）成為決定性指標。在他的設想中，「美術」（fine arts）是由音樂、詩、繪畫、雕塑及舞蹈組成，且人們是透過它們得到樂趣，而非為了實用；實用性是機械藝術（mechanical arts）的目標；另外還有第三種分類是兼具樂趣和實用性，如：修辭學與建築學。法國百科全書派推廣了巴托的體系，使其獲得恆久地位。然而時至今日，「美術」這個名稱仍然不算精準與確定。若要列出其中細項，內容與相關定義必因人而異，如：造型藝術（plastic arts）的繪畫、雕塑，和表演藝術（performing arts）的音樂、舞蹈、劇場表演等等。

6. 這些定義之中，有一部分能在一般傳統字典中找到，但其他並非如此。學者辨識並正式歸類詞語的速度無法跟上詞語意義的演化速度。然而如果是以秒為單位更新的線上社群網路字典，就無疑能夠網羅全部的意義——也就是說，這本書出版後不久就會羅列齊全了。

7. 許多詞語意指有形世界的客觀特徵，例如顏色、紋路、物體的名字……但「美感」與「美學」並非這類詞語。「美感」和「美學」代表著「在每次使用時，幾乎都會重新調整過」的抽象概念，是我們用來理解世界的抽象概念，而不是世界的固有特性。本書其中一個目標即是用看似穩固的方式定義這些詞彙，堪稱一種以此「記錄文化時刻」的行動。

*譯注：一九六〇年代的爵士樂發展裡，出現了一種 funk 風格，主要強調貝斯與鼓的節奏感。後來在即興演奏現場中，樂手們更自由地添加了各種多變且大膽的節奏，延伸出 funky 風格。據說知名樂手厄爾・帕爾默（Earl Palmer）常使用 funky 一詞向其他人表達「演奏需要更多的切分音！」故普遍認為 funky 意指一種比 funk 更具律動感與舞曲元素的音樂風格。而 homeboy 原為非裔美國人交談間，指稱某個同家鄉長大的朋友，俚語上亦是「幫派成員」的代稱。因街頭嘻哈文化興起，饒舌歌曲常使用到此詞而成為一種流行語，類似「老兄！」

之意，進而影響到將嘻哈文化常見「寬鬆T恤和垮褲」的穿著打扮視為「homeboy-style」，故在此譯作「街頭痞子風」。

8. 有時他們的條件很模糊，有時卻很簡明直接。在亞伯特·薩克（Albert Sack）一九九三年出版的《家具的優良新點··早期美式……》（*The New Fine Points of Furniture: Early American...*）有許多古董照片為例，如「戚本德時期的雕花桃心木椅」。照片旁標示「優」「極優」「特優」「卓越」或「頂尖傑作」，並說明為何某張椅子被判定為某標準。此書初版於一九五〇年出版，對於美國裝飾藝術領域有莫大影響，裡頭列出的標準與條件被全面應用到美國古董貿易界中。許久以來，這本書還被簡稱為《優、極優、特優》（*Good, Better, Best*）。

9. 康德在一七九〇年出版的《判斷力批判》（*Critique of Judgment*）中提出了他的美學理論。

10. 提出這種思維的文章，包含了W·E·肯涅克（W. E. Kennick）

一九五八年發表的〈傳統美學是建立在錯誤之上嗎?〉(Does Traditional Aesthetics Rest on a Mistake?),以及莫里斯·懷茲(Morris Weitz)一九五六年發表的〈美學當中理論的角色〉(The Role of Theory in Aesthetics)。

11. 這個推理路線衍自路德維希·維根斯坦(Ludwig Wittgenstein)一九五三年出版的《哲學研究》(*Philosophical Investigations*)。

12. 提出藝術定義最著名的古典功能學派學者有:羅傑·弗萊(Roger Fry)、克萊夫·貝爾(Clive Bell)與門羅·比爾茲利(Monroe C. Beardsley)。

13. 儘管內容經過簡化了,這仍是亞瑟·C·丹托(Arthur C. Danto)最巧妙的論述之一。

14. 這一點想必排除了由嬰兒、猴子等畫出的「只是看起來」像藝術的塗鴉。根據這個定義,必須要有一個「在理解作品涵義下創作」的藝術家，但「在理解作品涵義之下創作」到底是什麼意思呢？

15. 史提芬．戴維斯（Stephen Davies）一九九一年出版的《藝術的定義》（*Definitions of Arts*）之中，可以找到對於大多數學術與哲學上關於藝術定義的討論的精彩結論。

16. 請見頁31至33對「體制論定義」的說明。

17. 亞歷山大．內哈瑪斯（Alexander Nehamas）於二〇〇〇年發表的〈論美與判斷力〉（An Essay on Beauty and Judgment），第一句話就寫著：「美是哲學概念之中，最聲名敗壞的一個。敗壞到所有我翻過的藝術哲學書籍中，找不到任何條目能證明它聲名敗壞。」亦可參照尼爾遜．古德曼（Nelson Goodman）一九七六年出版的《藝術的語言》（*Languages of Art*），提及：「如果『美麗的事物』是把醜陋排除在外，那麼就不能用『美』來衡量美感價值。但如果『美麗的事物』可以是醜陋的，那麼『美』就只是對美感價值誤用的替代詞。」換言之，據古德曼所說，美是哲學上令人困惑又棘手的概念。

18. 美，正如俗諺所說，存在於觀看者的眼裡。這表示某些相當悖於常理的表現也會被貼上美的標籤。我想到最怪的就是日本的「切腹之美」：日本封建時代裡，道德上最偉大的美通常連結到巨大的艱難。其中，獨自辦得到且兼具道德上的美與極度困難的，就是痛苦的自殺。對許多日本人而言，無論在觀看或思想上，自願切腹（武士才能獲得的懲罰，同時也是他的榮耀）都屬令人敬畏的美。受懲的武士身著白色腰帶，坐在鋪著榻榻米的房間或礫石庭院之中，莊嚴地用自己的刀在腹部畫上水平一刀，再將刀身垂直捅入身體（或許現今我們會說這是超極端的表演藝術）。當一個人試圖切腹時，也在用一種超乎常人想像的方式要求自己竭盡所能。日本人相信，即使這名武士犯下了最無恥的過錯，也能以這最後一刀將人生中的醜惡轉化為美。

19. 見注釋1。

20. 二十世紀中期，有一位對極簡主義繪畫與雕塑具遠大影響力的藝術家，巴內特．紐曼（Barnett Newman），在這裡我同意他那句著名妙語：「美學〔藝術的哲學〕之於藝術家，就如同鳥類學之於鳥一樣。」這段話的概念首次出現在一九五二年的胡士托藝術論壇（The Woodstock Art Conference）上，當時紐曼宣洩了自己對專業美學家〔藝術的哲學〕的反感。不過當時的用詞較粗略，也沒這麼有力。後來紐曼自己修改了一番，才成了現在大家讀到的這句話。

21. 取自丹托一九八一年出版的《平凡的變形》（*Transfiguration of the Commonplace*）。

22. 〈意圖謬論〉收錄於W．K．維姆薩特一九五四年出版的《語象》（*The Verbal Icon: Studies in the Meaning of Poetry*）。

23. 這段話排除掉了藝術家的意圖（這過去被視為藝術家的特權），似乎表明了：或許，創作者應該要更注意美學家在背後說了些什麼！

# 圖片說明與來源

如非另加註明，文中照片皆出自作者本人。

**封面圖片**

丸尾末廣所繪。詳細資訊見第52頁圖片說明。

**第4—5頁**

荷蘭，鄉間，二〇〇一年。

**第9—10頁**

焦黑的人骨碎片。

**第12頁**

濾盆、刨絲器和廚房餐巾紙。

**第15頁**

「美學」一詞在英文中有這兩種拼法。兩種拼法都正確，發音也相同。不過雙母音「ae」的拼法，似乎更能生動地顯示出語音的柔軟及語意的豐富。此外，拉丁文的拼法 aestheticus 和希臘文的 aisthetikos 也都跟「感官的感知」有關，因此兩者都是以 a 開頭（儘管有些拐彎抹角，仍是個貼切而經典的暗示），所以我偏好具有美感〔認知模式、藝術的〕特質的前綴 ae，於是本書原文也使用了前綴 ae 拼法的詞。

**第16頁**

一本（實體）字典，二〇〇〇年左右。

**第19—20頁**

鋼骨結構建築通常負荷得了任何材質的外牆，換句話說，撐得起任何美學（外在）的處理。這兩頁的建築水泥外牆呈現出現代主義的美學（風格）。

**第23頁**

奧地利維也納的花店，二〇〇六年。

**第27—29頁**

一九六〇年代初期的巴黎，藝術家伊夫．克萊因（Yves Klein）展演了「藍色時期的人體測量學」（Anthropométrie de l'époque bleue）：盛裝出席的觀眾聽著「單音調交響曲」（持續演奏單一個和弦三十分鐘，之後保持三十分鐘的靜默），同時看著克萊因指揮著他稱之為「活生生的畫筆」之模特兒，讓他們的身體沾滿藍色顏料，然後壓印在紙上。一九八〇年，專門再創二十世紀經典藝術作品的藝術家麥克．畢德羅（Mike Bidlo），在紐約重新上演了人體測量學（即本書這張照片）。畢德羅與他那群非正式結盟的挪用主義（appropriationists）藝術家同伴，不認為挪用別人創作（無論部分或全部）融入自己的創作作品有什麼錯。他們的作品之所以成立，很大程度上取決於特殊的存在形式——那些作品是「複製他人原始藝術創作的原始藝術創作」。換句話說，和許多以概念為主的二十世紀藝術表現一樣，「挪用藝術」的智識性建立在它所提出的「藝術的真正本質」這個哲學問題。

**第34頁**

亞歷山大．鮑姆嘉登的碩論《詩的哲學默想錄》初版第一頁影本。

**第37頁**

瑞典移民亞瑟·厄蘭德森（Axel Erlandson，1884-1964）種植了多株外型違背自然形貌的樹木，這是其中一棵，位於加州聖塔克魯茲郡附近。當你要描述這個活生生的人造物的美感〔藝術的、美、風格、外在〕特質時，很可能會使用「有造型的」「扭曲的」「超真實的」這些詞，也就是說，和你用來描述藝術品的相同。那麼，你會把這棵樹木當成藝術品嗎？如果會的話，為什麼？不會的話，又是為什麼呢？

**第38頁**

日本啤酒罐，一九八五年左右。

**第41—42頁**

東京城市景觀，二〇〇六年。

**第44頁**

於一九三一年出版，典型的美學（藝術的哲學）文本，作者是哲學家凡．米特．艾彌斯（Van Meter Ames）。他在第一章「美的本質」的開頭寫道：「我們總嘗試追求通往美的路途……但爭論品味是徒勞無功的，因為美對於不同人、甚至是對同一個人來說，是多變的。低俗事物有低俗的美，高尚事物有高尚的美……」

**第47—52頁**

一九九三年出版的《如何耙落葉》（*How to Rake Leaves*，李歐納．科仁著作、丸尾末廣插畫）當中六頁。以表面上看似平凡的活動來探究美學（認知模式、美）之面向。圖片說明如下：（頁47）持耙人沈浸於當下的永恆。（頁48—49）評估著需要完成的工作。（頁50—51）照料營火，（頁52）看著樹葉碎屑與灰燼往空中飛升。（該書也包含政治正確的版本，也就是把樹葉掩埋起來或做成堆肥，而不是燒掉。）

**第55頁**

「美學」這個詞語的多種當代涵義。

**第60—61、66—67、70—71、76—77頁**

小寶寶馬可在一歲多至兩歲時畫的塗鴉。孩童的繪畫總能引發有趣的美感（藝術哲學、藝術的、認知模式）問題。我們究竟為何會受孩童的創作所吸引，或為此感到驚豔呢？我們天生就對原始天賦或技能產生反應嗎？這類圖像也會讓我們聯想到從前曾看過的美感（美、藝術的）上令人愉悅的事物嗎？當繪畫看似完成時，真的在行使關鍵美學判斷的人，是不是那些從孩子手中拿走畫的家長或老師？（那麼，告訴藝術家「藝術品已經完成」的畫廊老闆呢？甚至是干涉藝術家該畫什麼內容的人呢？）孩童們似乎很專注投入且真心享受挑選顏色、在純白紙面上留下筆跡，描繪出他們自認已捕捉到且喜歡的事物樣貌。這和成人藝術家做的事情又有何不同呢？

美學的意義：關於美的十種理解與體驗 / 李歐納．科仁 (Leonard Koren) 著；蘇文君譯 . -- 初版 . -- 新北市：大家出版，遠足文化事業股份有限公司，2025.01
面；　公分 . -- (Art ; 29)
譯自：Which aesthetics do you mean? : ten definitions
ISBN 978-626-7561-22-5( 平裝 )

1.CST: 美學

180　　113019563

ART 29

# 美學的意義：關於美的十種理解與體驗

***Which Aesthetics Do You Mean: Ten Definitions***

作者．李歐納．科仁（Leonard Koren）｜譯者．蘇文君｜封面設計．廖韡｜責任編輯．楊琇茹｜內文排版．謝青秀｜行銷企畫．洪靖宜｜總編輯．賴淑玲｜出版者．大家出版／遠足文化事業股份有限公司｜發行．遠足文化事業股份有限公司（讀書共和國出版集團）231 新北市新店區民權路 108-2 號 9 樓｜電話．(02)2218-1417　傳真．(02)8667-1851｜劃撥帳號．19504465　戶名．遠足文化事業有限公司｜法律顧問．華洋法律事務所　蘇文生律師｜ISBN．978-626-7561-22-5｜定價．300 元｜初版一刷．2025 年 01 月｜



由衷感謝 Vanna Fraticelli、Peter Goodman、Louis Jaffe、Judith Less、Francesca Saitto、Kitty Whitman、Harry Willis、Emilia Burchiellaro、Marco Koren，在本書撰寫期間給予莫大的幫助與支持。